LE RETOUR
D'HULAGU

Pièce de théâtre

Pour regarder la pièce théâtrale :
Le retour d'Hulagu

Veuillez utiliser le code QR.

Dr. Sultan bin Mohammad Al-Qasimi

LE RETOUR D'HULAGU

Pièce de théâtre

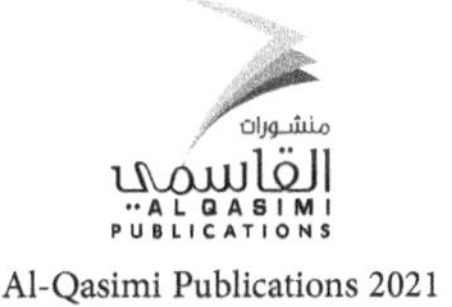

Al-Qasimi Publications 2021

Titre du livre : LE RETOUR D'HULAGU
«`Awdat Hûlâgû» 1998
Nom de l'auteur : Dr Sultan bin Muhammad Al-Qasimi
Nom de l'éditeur : Al-Qasimi Publications, Sharjah, Émirats Arabes Unis
Année de publication : 2021
Tous droits réservés
Publications Al-Qasimi

Traduit de l'arabe en français par : Khalifa Soua

Distribution : Al-Qasimi Publications, Sharjah,
P.O. Box 64009
B.P. 64009 Sharjah, Émirats Arabes Unis
Téléphone : +971 6 50 90000 Fax : +971 6 55 200 70
Website: www.alqasimipublications.com
Email: info@aqp.ae
Sharjah, Émirats Arabes Unis

ISBN 978-9948-24-016-7
Autorisation d'impression : Conseil national des médias Abou Dhabi
No. MC 03-01-8659973, Date : 15-03-2018

Groupe d'âge: E

Panneau de couverture : Collection de l'auteur

Sommaire

Préface

A travers mes lectures sur l'histoire de la nation arabe, j'ai constaté que les événements qui précédèrent la chute de l'Etat abbasside ressemblent fort à ceux qui se déroulent aujourd'hui sur la scène arabe, comme si l'Histoire était un éternel recommencement. J'ai donc composé ce drame afin d'évoquer une réalité douloureuse sous un angle historique. Les noms des personnages et des lieux, ainsi que les événements qui en constituent la trame sont véridiques. Chaque mot, dans ce texte, indique clairement ce que vit la nation arabe.

L'auteur

ACTE I

Le temps : *Année 653 de l'hégire / 1255 ap. J.-C.*

Le lieu: *L'Assemblée du calife abbasside Al-Musta'sim à Bagdad.*

Le calife est entouré de son ministre Ibn Al-'Alqamî et du Duwaydâr, commandant de l'armée.

AL-MUSTA'SIM : Duwaydâr, toi qui commandes notre armée, quelles nouvelles avez-vous des Mongols ?

DUWAYDÂR : Ils assiègent, dans les régions de Tûn de Tarkashîz et de Kâmilî, trois citadelles musulmanes qu'aucun musulman ne vient pourtant secourir ; c'est la défaillance totale !...

AL-MUSTA'SIM : Et vous, Ibn Al-›Alqamî, quelles nouvelles avez-vous des Mongols ?

IBN AL-'ALQAMÎ : On rapporte, Sire, qu'un chef militaire mongol nommé Hulagu, a atteint ces citadelles.

(A cet instant, entre le chambellan qui apporte une lettre et dit):

LE CHAMBELLAN : Sire, un ambassadeur dépêché par Hulagu vient d'arriver. Il nous a remis cette lettre...

(Ibn Al-'Alqamî saisit la lettre. Le calife Al-Musta'sim lui demande d'en faire la Lecture)

AL-MUSTA'SIM : Ibn Al-›Alqamî... Lisez-la. (Ibn Al-'Alqamî lit la lettre, puis dit):

IBN AL-'ALQAMÎ : Sire, Hulagu vous demande d'envoyer un détachement de soldats pour contribuer à sa guerre contre les citadelles musulmanes qu'il assiège.

AL-MUSTA'SIM : Et qu'en pensez-vous, Ibn Al-'Alqamî ?

IBN AL-'ALQAMI : Sire, je pense qu'il faut envoyer notre armée pour participer à la destruction de ces citadelles.

AL-MUSTA'SIM : Je suis de votre avis !

DUWAYDÂR : Moi, je m'oppose à l'envoi d'une force armée pour participer à cette guerre !

IBN AL-'ALQAMI : *(S'adressant à al- Duwaydâr)* En premier lieu, ces gens sont en désaccord avec nous, aussi bien sur le plan doctrinal que sur l'orientation politique. En second lieu, ils constituent un danger pour toute la région! N'avez-vous pas entendu parler de la liste de leurs victimes ?...

Alors, pourquoi blâmerions-nous les Mongols pour avoir assiégé ces citadelles ?... Ne constituent-elles pas des foyers de terrorisme dans leurs territoires et une menace pour la sécurité de leur pays et pour tous les chefs mongols eux-mêmes, sans exception ?

DUWAYDÂR : Je suis d'accord avec vous, mais Hulagu n'a nullement besoin de notre aide ; c'est un fourbe qui cherche à priver Bagdad d'une partie de ses forces armées. Ainsi, il lui serait facile de l'occuper.

AL-MUSTA'SIM : Alors, quel est votre avis, Duwaydâr ?

DUWAYDÂR : Envoyez-lui quelques cadeaux, plutôt que des soldats...

(Duwaydar sort. Al-Musta'sim reste en tête à tête avec son ministre)

AL-MUSTA'SIM : *(S'adresse à Ibn Al-'Alqamî)* : Ministre, écrivez une lettre à Hulagu.

(Ibn Al-'Alqamî saisit une feuille et une plume. Al-Musta'sim tente de lui dicter la Lettre en disant) : Ecrivez... écrivez...

IBN AL-'ALQAMÎ : Sire, permettez que je rédige moi-même la lettre. *(Il commence à écrire tout en disant à haute voix ce qu'il écrit):* De la part du calife abbasside Al-Musta'sim au Grand Hulagu... Je vous demande pardon et excuse de ne pas être en mesure de vous venir en aide en envoyant les forces que vous me demandez.

(Ici, le calife s'emporte et dit):

LE CALIFE : Moi, le calife abbasside, je m'humilie devant cet infidèle !

IBN AL-'ALQAMÎ : Sire... C'est une lettre morte, sans effet. Personne n'en prendra connaissance. Duwaydâr est absent ; il ne pourra donc pas s'y opposer.

AL-MUSTA'SIM : Bien... Continuez, finissez la lettre. *(Ibn Al-'Alqamî achève la rédaction de la Lettre, la remet à Al-Musta'sim qui la relit et la signe. Ensuite il se lève, soulève un tapis qui recouvre plusieurs coffres remplis de bijoux pour en choisir quelques-uns afin de les offrir à Hulagu. Il ouvre Les coffres un par un, et commence à choisir. A chaque fois, il hésite à transmettre les bijoux choisis à Ibn Al-'Alqamî, en disant):* Non, ça c'est trop celui-ci suffit... Celui-là non plus... Ni celui-là... Celui-ci seulement... Cet ensemble aussi, c'est trop... Ni celui-là... Celui-là seulement.

IBN AL-'ALQAMÎ : Vous en avez beaucoup... Sire. Ces coffres n'en seront pas diminués pour autant. Avec ça, vous éviterez un malheur...

AL-MUSTA'SIM : Ces bijoux et ces biens constituent une garantie et une sécurité pour le Califat.

(Ibn Al-'Alqamî emporte la Lettre, les bijoux et quitte la scène)
(Al-Musta'sim regagne ses appartements, d'où l'on entend monter des chants et des rires de femmes. On entend aussi des voix du côté de la porte où le chambellan tente d'empêcher des jeunes d'entrer. Il va voir le calife, tandis qu'un groupe de jeunes y parvient. L'un d'eux prend la parole) :

UN JEUNE : Nous désirons parler à Sharâbî, le supérieur de la cour.

LE CHAMBELLAN : Il est à l'intérieur, avec le calife.

(Un tumulte monte, venu des jeunes. A ce moment, le supérieur de la cour entre, venant des appartements du calife)

AL-SHARÂBÎ : Qu'est-ce que ce désordre ? Qui êtes-vous ?

UN JEUNE : Nous sommes un groupe de jeunes musulmans. Nous désirons voir le calife.

AL-SHARÂBÎ : Le calife est occupé à présent.

(On entend de la musique et des rires de femmes)

UN JEUNE : Vous êtes le malheur de cette nation ! Vous avez arrangé l'élection de ce calife faible et vous avez entrepris de le corrompre par les femmes, la danse et les divertissements, afin que vous puissiez, vous et vos semblables, le dominer et prendre ainsi le contrôle des leviers du pouvoir... Vous avez jeté dans les prisons de nombreux membres de la dynastie des Abbassides. Et lorsqu'ils ont refusé de lui faire allégeance, vous les avez torturés jusqu'à les forcer de le reconnaître.

AL-SHARÂBÎ : Sortez ! Le calife ne désire recevoir personne...

(Ces voix des jeunes montent) (De l'intérieur, on entend):

LE CALIFE : Sharâbî... Qu'est-ce que c'est ?

AL-SHARÂBÎ : C'est un groupe de racailles.

LE CALIFE : Chassez- les !

*(Sharâbî et des soldats armés de lances poussent les jeunes dehors,
tandis qu'on entend de la musique et des éclats de rires de femmes).*

Rideau.

ACTE II

La forteresse de Maymûn à Bistam, au nord de l'Iran, où se trouve l'imam ismaélien Rukn al'-Dîn khûrshâh Shaykh al-tâ'ifah, chef de l'Etat nizarite. Devant la forteresse : la tente d'Hulagu.

(Celui-ci, tempêtant, envoie un dernier messager à Rukn al-Din Khurshah.

HULAGU : La citadelle de Maymûn m'a rendu fou... Impossible de la prendre d'assaut... Notre siège s'éternise. L'hiver approche, avec le froid glacial et la neige.

UN DES HOMMES D'HULAGU : Sire... Attendons la réponse.

HULAGU : Je lui ai envoyé plusieurs délégations, l'une après l'autre, et de nombreux ambassadeurs, l'un après l'autre, alternant menaces et promesses pour obtenir sa capitulation ; mais en vain, il refuse toujours. Ambassadeurs, allez le voir. Accordez-lui en mon nom des garanties pour sa vie, et pour celle de ses compagnons.

(Les ambassadeurs partent pour la citadelle Maymûn) (Hulagu s'adresse à ses chefs militaires):

HULAGU : Quelles sont les nouvelles des autres citadelles ?

UN CHEF MILITAIRE : Elles nous résistent. Le siège de certaines citadelles dures depuis un an, et elles peuvent encore résister vingt ans durant.

HULAGU : Ne désespérez pas. *(Hulagu lui tapote l'épaula et dit):* Apportez les boissons et amenez les danseuses... Allez... Allez...

(On apporte las boissons. On entend une musique mongole. Tous regardent vers un côté de la scène, comme s'd y avait des danseuses) (Le chambellan entre en criant):

LE CHAMBELLAN : Sire... Sire... La citadelle s'est rendue !

(La musique s'arrête. Le chambellan crie une deuxième fois):

La citadelle est tombée. Rukn al-Dîn Khûrshâh et les hommes composant sa suite arrivent avec les ambassadeurs.

(Hulagu se réjouit et dit):

HULAGU : Formidable !... Formidable !...

(Hulagu danse avec sa suite un moment. Puis Rukn al-Din Khûrshâh entre, humilié, vêtu de son costume islamique. Hulagu l'accueille à bras ouverts, le fait asseoir près de lui et dit):

HULAGU : Amenez une fille mongole pour Rukn al-Dîn Khûrshâh. Maintenant, nous voulons que vous collaboriez avec nous, et nous cesserons là toute effusion de sang !

RUKN AL-DÎN KHÛRSHÂH : Je vous en prie...

HULAGU : Je vous demande d'envoyer des messagers pour ordonner à vos forces de se rendre.

RUKN AL-DÎN KHURSHAH (*A ses ministres*): Que chacun de vous accompagne un détachement militaire mongol pour demander, en mon nom, aux citadelles de se rendre.

(Les ministres de Rukn al-Dîn Khûrshâh quittent la scène. Hulagu se tourne vers un gardien et dit):

HULAGU : Avez-vous amené la fille mongole ?

LE GARDIEN : Oui Sire... Elle est à l'intérieur.

(Hulagu s'adresse à Rukn al-Dîn Khûrshâh):

HULAGU : Allez-y mon cher, et passez une agréable nuit avec votre épouse...

(Rukn al-Dîn s'en va pour gagner, par un côté de la scène, une tente privée. Hulagu quitte la scène. Une musique mongole s'élève tandis que peu à peu la lumière décroît. Après l'obscurcissement total la scène s'illumine de nouveau :Rukn al--Dîn Khûrshâh est assis sous une tente; al-Juwaynî, l'un de ses subordonnés, entre et le salue. Rukn al-Dîn répond):

RUKN AL-DÎN KHÛRSHÂH : Que la paix et la miséricorde de Dieu soient sur vous. Juwaynî : Approchez-vous. Quelles sont les nouvelles ?

AL-JUWAYNÎ : Maître... Toutes les citadelles se sont rendues... Le peuple se révolte contre vous. Vous êtes en danger, maître !

Rukn Al Din KHÛRSHÂH: Tout cela est manigancé par al-Tûsî qui œuvre pour ses propres intérêts. C'est lui qui m'a persuadé de capituler, et à présent c'est lui qui va accompagner les Mongols à Bagdad.

(Hulagu entre en hurlant)

HULAGU : Soyez le bienvenu cher ami... J'espère que vous avez passé une agréable nuit en compagnie de votre épouse mongole.

RUKN AL-DÎN KHÛRSHÂH : Grand Seigneur... Je vous prie de me dispenser de vous accompagner et de m'envoyer au pays des Mongols avec cette épouse mongole.

HULAGU : Je vous l'accorde, mon cher. Vous avez parfaitement rempli votre mission. Allez-y !...

(Il lui indique un côté de la scène... Khûrshâh s'en va accompagné d'al-Juwaynî.)

(Hulagu se tourne vers le commandant Tutar)

HULAGU : Commandant Tutar... Envoyez Rukn al-Dîn Khûrshâh au pays des Mongols...

(Il désigne son cou d'un geste de la main et prononce l'onomatopée: clac... pour signifier t'exécution)

(Un agent d'Hulagu portant une lettre, entre et dit):

UN AGENT : Seigneur... Voici une lettre du calife abbasside par laquelle il notifie son refus d'envoyer des troupes pour participer à notre guerre contre les citadelles.

(Hulagu rit aux éclats)

HULAGU : Ha... Ha... Ha... A Bagdad donc... pour le châtier ! *(Il brandit son épée et quitte la scène en criant):* A Bagdad... A Bagdad !... La force prime le droit, c'est toujours notre devise !

(Une musique militaire)

Rideau.

ACTE III

Le palais du calife abbasside tel qu'il apparaît dans l'acte I.

AL-MUSTA'SIM : Duwaydâr... Quelles sont les nouvelles
d'Hulagu ?

AL-DUWAYDÂR : Il est arrivé à Hamadhân... Sire.

AL-MUSTA'SIM : Il n'a pas répondu à ma lettre.

IBN AL-'ALQAMÎ : Il s'est emparé des citadelles les plus
inexpugnables, et n'a nul besoin de
notre aide !...

AL-DUWAYDÂR : Il s'en est emparé grâce à la servilité,
et par la trahison !...

*(Quelqu'un frappe à la porte, puis le chambellan entre, tenant une
lettre d'Hulagu et dit):*

LE CHAMBELLAN : Une lettre de la part d'Hulagu...

*(Al-Duwaydâr prend la lettre. Al-Musta'sim lui demande de
la lire.)*

AL-MUSTA'SIM : Duwaydâr, lisez-la.

(Duwaydâr lit la lettre) :

AL-DUWAYDÂR : « De Hulagu à Al-Musta'sim... Lorsque nous avons entrepris la conquête des citadelles des hérétiques, nous vous avons dépêché des ambassadeurs ; nous vous avons demandé de l'aide et des renforts en soldats. Bien que vous ayez manifesté votre obéissance, vous ne nous en avez point donné la preuve par l'expédition des renforts requis lorsque nous avons engagé le combat contre les tyrans. Et vous avez avancé pour vous justifier des prétextes fallacieux. Néanmoins, si vous obéissez à nos ordres, tout sera oublié : Il faut démolir les forts et combler les tranchées qui entourent Bagdad. Il faut aussi que vous transmettiez la direction des affaires du pays à votre fils. Après quoi, dépêchez-vous de venir comparaître en personne devant nous ! Si vous n'obtempérez pas et si vous ne voulez pas vous présenter vous-même, il vous faut nous envoyer votre ministre et commandant en chef de l'armée, afin qu'il vous transmette intégralement notre message. »

AL-MUSTA'SIM *(En colère)*: Moi, le calife abbasside, je reçois des ordres de cet homme stupide...

Ibn Al- 'Alqami.. *Ecrivez ceci* : Hulagu... Je vous mets en garde contre la colère de Dieu, qui s'abattra sur vous si vous venez à agresser les Abbassides... Tous les musulmans, d'Orient comme d'Occident, sont à ma disposition, et n'attendent qu'un signe de moi pour marcher sous mon commandement contre les envahisseurs mongols.

(Duwaydâr regarde le plafond, roule les yeux joue des doigts, étonné qu'il est des prétentions d'Al-Musta'sim, tandis qu'Ibn Al-'Alqamî regarde d'Al-Musta'sim et hoche la tête... D'un geste de la main, il demande à Al-Musta'sim de modérer son propos)

AL-MUSTA'SIM : Ecrivez... Ecrivez... Néanmoins, et bien que fort de cette puissance musulmane, je ne veux en rien y recourir, afin d'épargner aux musulmans les méfaits de la guerre. Hulagu... Je vous conseille d'entendre la voix de la paix et de rebrousser chemin. Autrement, je vous dis: Retournez à Khorassan et nous vous cèderons, de bonne grâce, les territoires que vous avez occupés... Annexez-les à l'Etat mongol. *(Il regarde Ibn Al-'Alqami et dit):* Avez-vous bien écrit ceci : Nous cèderons les territoires que vous avez occupés... Annexez-les à l'Etat mongol... et la paix règnera entre nous ? *(Al-Musta'sim signe la lettre, la cachète et la remet à Ibn Al-'Alqamî en disant):* Expédiez-la à Hulagu accompagnée d'une délégation et de présents.

(Ibn Al-'Alqamî quitte la scène. Duwaydâr reste avec Al-Musta'sim)

AL-DUWAYDÂR : Ces propos sont-ils authentiques... Sire ?

AL-MUSTA'SIM : Authentiques ? Non... Ils ne le sont pas. Mais comment Hulagu pouvait-il avoir connaissance de notre situation, et par qui ?

AL-DUWAYDÂR : Comment ? Ibn Al-'Alqamî, votre ministre, est le premier à l'en informer, comme tous ceux qu'il a mobilisés pour servir ses intérêts.

AL-MUSTA'SIM : Notre ministre ? ! Je n'y crois absolument pas... Ha... Ha...

AL-DUWAYDÂR : Sire... Depuis deux ans, je réclame des fonds pour constituer une armée puissante capable de vous défendre et de défendre l'islam... Quel est l'intérêt de ces bijoux qui remplissent vos coffres ?... Aussi, je vous ai demandé de soumettre cette question à tous les chefs musulmans, afin que chacun d'eux assume sa responsabilité... Mais vous n'avez guère prêté l'oreille à mes conseils, et vous vous êtes laissé

convaincre par le discours d'Ibn Al-
'Alqamî.

(Ibn Al-'Alqamî entre et dit) : Nous avons dépêché une délégation à Hulagu...

(Al-Duwaydâr quitte la scène en colère)

IBN AL-`ALQAMÎ : Qu'a-t-il cet homme ?

AL-MUSTA'SIM : Ne vous en faites pas... Dites-moi: que faut-il faire pour empêcher Hulagu de nous attaquer ?

IBN AL-`ALQAMÎ : Sire... Il faut repousser l'ennemi en dépensant de l'argent.

AL-MUSTA'SM : Comment? Comme l'a proposé Duway-dâr ?

IBN AL-'ALQAMÎ : Qu'a-t-il proposé ?

AL-MUSTA'SIM : Dépenser de l'argent pour constituer une armée puissante.

IBN AL-'ALQAMÎ : *(En riant)* Nous perdrions et les hommes et l'argent... Sire... Les forces armées des Mongols sont énormes ; nous ne pourrons pas les affronter, d'autant plus qu'elles possèdent une arme exterminatrice.

AL-MUSTA'SIM : Qu'est-ce-que c'est que cette arme ?

IBN AL-'ALQAMÎ : Ils possèdent la catapulte et des machines qui lancent des falariques. Ils ont des experts chinois qui manœuvrent leurs engins lanceurs.

AL-MUSTA'SIM : Que faut-il faire, donc ?

IBN AL-'ALQAMÎ: *(Sort une feuille de sa poche et la lit)*: Sire... les caisses et les trésors que vous conservez le furent en prévision de jours mauvais, pour repousser tout péril menaçant votre dynastie, sauvegarder sa dignité, son honneur, et assurer votre propre salut... Par conséquent, voici ce qu'il faut préparer: Mille chargements de joyaux et de biens précieux. Mille chameaux de race noble. Mille chevaux arabes de race, entièrement équipés. Enfin, il nous faut présenter des excuses à Hulagu, prononcer en son nom le sermon dans les mosquées et frapper la monnaie à son nom.

AL-MUSTA'SIM : C'est formidable... C'est formidable... Je suis d'accord avec cette idée judicieuse ; que l'on prépare rapidement ces choses et qu'on les expédie au chef mongol Hulagu !

(A cet instant entre al-Duwaydâr, qui dit sur un ton ironique):

AL-DUWAYDÂR : Bien... Bien... Vous avez parachevé votre œuvre... Ibn Al-'Alqamî...

IBN AL-'ALQAMÎ: Que voulez-vous dire ?

AL-DUWAYDÂR : Le complot, traître... Vous complotez et vous courtisez Hulagu pour servir vos intérêts personnels.

IBN AL-'ALQAMÎ : Sire... Je n'admets pas cette accusation !

AL-DUWAYDÂR : Par Dieu, à la tête de mes hommes, je m'opposerai à ce projet. Je confisquerai les présents et les bibelots et je séquestrerai les délégués chargés d'accompagner ce chargement...

AL-MUSTA'SIM (*rassurant al-Duwaydâr*) : Bien... Bien... Comme vous voulez... Nous enverrons al-Dartankî avec peu de présents...

AL-DUWAYDÂR : Qu'a-t-il fait ce Dartankî ?... Il n'arrête pas de faire la navette auprès d'Hulagu !...

IBN AL-'ALQAMÎ : Duwaydâr... Avant de partir, dites-moi : qu'est-ce que c'est cette comédie que vous avez jouée en expédiant une force armée à al-Karkh pour massacrer et piller sa population, alors que nous vivons cette épreuve?... Si vous êtes courageux, utilisez votre courage contre les Mongols et non contre ces gens désarmés !... (*Ibn Al-'Alqamî se tourne vers Al-Musta'sim et dit*): Sire... Même votre fils trempe dans ce complot...

AL-MUSTA'SIM : Sortez !... Laissez-moi seul...

(*Duwaydâr quitte la scène, suivi par Ibn Al-'Alqamî*)

LE CALIFE : (*Dit*): Mon Dieu... Avec les avis contradictoires d'Ibn Al-'Alqamî et de

Duwaydâr, me voici bien embarrassé...

(Baissant la tête, le calife demeure silencieux tandis que la lumière décroît jusqu'à l'extinction totale)

(Une voix off dit) : Les jours passent...

(Al-Musta'sim est assis dans son Assemblée en compagnie d'Ibn Al-'Alqamî. Duwaydâr entre, suivi de Dartankî qui tire la caisse des présents)

AL-DUWAYDÂR : Tenez... Voici al-Dartankî, avec votre argent et vos présents...

AL-MUSTA'SIM : Que rapportez-vous, Dartankî ?

AL-DARTANKÎ : On m'a chassé, Sire. Hulagu m'a chargé de vous transmettre un message. Il vous demande de vous présenter vous-même si vous voulez devenir un gouverneur dépendant des Mongols. Sinon, il faut que vous dépêchiez immédiatement et sans tarder le ministre Ibn Al-'Alqamî, al-Duwaydâr, commandant des armées, et son lieutenant Sulaymân Shâh.

IBN AL-'ALQAMI : Formidable... Nous irons tous !

AL-MUSTA'SIM : Je suis d'accord pour que vous y alliez tous.

AL-DUWAYDÂR *(S'adressant à Al-Musta'sim)*: Qui commandera vos troupes pour défendre Bagdad ?... Hulagu veut nous faire prisonniers, moi et Sulaymân Shâh, ou

nous tuer. Ainsi nos armées se trouve-
raient privées de commandement.

AL-MUSTA'SIM : Oui... Bien sûr...

(Le chambellan entre en criant):

LE CHAMBELLAN : Sire... Les armées d'Hulagu assiègent Bagdad !

AL-MUSTA'SIM : Il n'y a de force et de puissance qu'en
Dieu. Duwaydâr, conseillez-moi !

AL-DUWAYDÂR : *(Désignant Ibn Al-'Alqamî)* Qu'il aille,
lui, voir Hulagu ! Moi et Sulaymân
Shâh, nous restons avec vous.

AL-MUSTA'SIM *(S'adressant à Ibn Al-'Alqamî):* Bien...
Dites à Hulagu que j'ai tenu ma pro-
messe en vous y dépêchant, mais qu'il
me dispense d'envoyer al-Duwaydâr et
Sulaymân Shâh... Allez, partez !...

(Ibn Al-'Alqamî quitte la scène)

(AL-Duwaydâr prend congé d'Al-Musta'sim en disant):

AL-DUWAYDÂR: Permettez-moi, Sire, de partir pour
préparer l'armée afin d'assurer la dé-
fense de Bagdad...

(Al-Duwaydâr quitte la scène, où le calife déambule en disant):

LE CALIFE : Même si l'on songe à s'évader, on ne
pourra pas le faire. Leurs armées assiègent
Bagdad.

*(Quelques instants après, entre Abû Al-'Abbas le fils d'Al-
Musta'sim)*

ABÛ AL-'ABBÂS : Que le salut soit sur vous, père...

AL-MUSTA'SIM : Que le salut soit sur toi, mon fils...

ABÛ AL-'ABBÂS : Père... J'ai appris que vous aviez envoyé Ibn Al-'Alqamî auprès d'Hulagu.

AL-MUSTA'SIM : Oui, mon fils...

ABÛ AL-'ABBÂS : Mais Ibn Al-'Alqamî est toujours à Bagdad, encerclé par les Mongols...

AL-MUSTA'SIM : A présent, je commence à douter d'Ibn Al-'Alqamî.

ABÛ AL-'ABBÂS : Mais à quoi cela sert-il maintenant, père ? Je vous ai souvent mis en garde contre Ibn Al-'Alqamî.

AL-MUSTA'SIM : Mon fils... prends quelques présents, des fonctionnaires de l'Etat, des notables du pays et allez voir Hulagu. Emmenez avec vous Ibn Al-'Alqamî.

ABÛ AL-'ABBÂS : Encore Ibn Al-'Alqamî!

(Abû Al-'Abbas sort; Al-Musta'sim reste seul; agité, il déambule dans la salle. Des coulisses, émanent des bruits de guerre qui s'approchent ; puis une voix off dit):

UNE VOIX OFF : Le fort al-'Ajamî est tombé dans les mains des Mongols...

(Bruits de guerre)

UNE VOIX OFF : Le mur d'enceinte est démoli...

(Bruits de guerre)

UNE VOIX OFF : Les Mongols pénètrent dans Bagdad...

(Bruits de guerre)

UNE VOIX OFF : Duwaydâr est tué!... Duwaydâr est tué!...

(Bruits de guerre)

UNE VOIX OFF : Les jeunes musulmans, vêtus de linceuls blancs, meurent en martyrs dans les combats qui se déroulent sur le pont...

AL-MUSTA'SIM : Ah, si j'avais reçu ces jeunes musulmans !... Si je les avais écoutés et si j'avais suivi leurs conseils..., mais à ce moment-là je m'amusais avec les femmes.

(Bruits de guerre)

AL-MUSTA'SIM : Je me rendrai et j'obéirai. Je me rendrai et j'obéirai. Chambellan, Chancelier... Venez !

(Le chambellan et le chancelier entrent)

(Al-Musta'sim leur remet des bourses remplies d'argent et leur dit):

AL-MUSTA'SIM : Portez cet argent à Hulagu... Portez cet argent à Hulagu !

(Le chambellan et le chancelier sortent, tandis qu'on entend du chahut et des voix; soudain, .Hulagu entre, qui rit aux éclats)

HULAGU : Ah !... Calife... Comment m'envoyez-vous des lettres me demandant de rentrer dans mon pays après avoir parcouru de grandes distances, et sans avoir eu l'honneur de vous voir? Me voilà arrivé. J'ai l'honneur de vous rencontrer. Je m'entretiendrai avec vous ; après quoi, je vous demanderai la permission de prendre congé... Ha ! Ha ! Ha ! Calife... Savez-vous que Dieu a élu Gengis-Khan pour gouverner le monde et lui a octroyé - ainsi qu'à sa descendance - la Terre entière de l'Orient jusqu'à l'Occident ? Tous ceux qui nous obéissent corps et âme, marchent avec nous et adoptent une bonne conduite seront heureux dans cette vie... Quant à ceux qui s'opposent à nous, ils n'auront jamais de repos dans cette vie !... Calife *(Ironiquement)*... Qu'est-ce que c'est que ces nombreuses caisses ?

AL-MUSTA'SIM : C'est toute notre fortune. Elle est entièrement à vous, votre Majesté... Elle est entièrement à vous...

HULAGU : Non, c'est insuffisant !

AL-MUSTA'SIM : Je n'ai que cela...

HULAGU : Et que dire de l'or enterré dans la cour du palais ?

AL-MUSTA'SIM : Oui... Oui... Il est à votre disposition. *(Hulagu s'adressant au calife):* Accompagnez les soldats et indiquez-leur où se trouve l'or ! *(Le calife sort avec les soldats mongols. Hulagu rit aux éclats. L'une après l'autre, on lui ouvre les caisses. Il regarde les bijoux, et rit de nouveau. Lorsque le calife et les soldats qui l'accompagnent sont à retour, l'un des soldats dit):*

UN SOLDAT : Seigneur... Le sous-sol de la cour entière regorge d'or pur...

HULAGU : *(Se tourne vers le calife et dit)*: Dans quel but et pour quel jour avez-vous amassé tout cet argent ?... Vous auriez mieux fait de consacrer ces richesses à la création d'une armée puissante, pour vous défendre et défendre votre royaume ; soldats ! Emmenez-le !... Ecorchez-lui vif la peau du visage et apportez-la-moi...

(Le calife balbutie quelques mots)

LE CALIFE : Je voudrais faire mes ablutions... Je voudrais faire la prière. Je voudrais faire mes ablutions... Je voudrais faire la prière...

HULAGU : Allez... Emmenez-le !

(On traîne le calife dehors... On l'entend pousser des cris, puis c'est le silence. Un soldat entre et dit):

UN SOLDAT : Seigneur... Il est mort entre nos mains, avant que nous ayons fini de l'écorcher...

HULAGU : Ecorchez la peau de son visage mort, et apportez-la-moi.

HULAGU : Allez chercher Ibn Al-'Alqamî !...

(Ibn Al-'Alqamî entre en se pavanant dans son costume)

HULAGU : Veuillez-vous asseoir mon ami... *(Il le fait asseoir près de lui)*

HULAGU : Ecoutez, Ibn Al-'Alqamî... Vous nous avez servi tout au long de ces dernières années; vous étiez notre œil qui voyait tout. Vos propos produisaient un effet si magique sur le calife qu'il vous a obéi en toutes choses... Alors nous vous récompensons, en vous confiant le Ministère afin que vous dirigiez les affaires de Bagdad.

(Hulagu fixe du regard Ibn Al-'Alqamî et dit):

HULAGU : N'est-ce pas cela que vous vouliez... ?

IBN AL-`ALQAMÎ : Seigneur... Mais...

HULAGU *(qui le coupe):* Laissez tomber cela et prenez votre responsabilité ! Ce prince mongol est investi du pouvoir de décision. Vous devrez en référer à lui, le consulter en toutes choses et lui soumettre toutes les affaires.

(Hulagu lui présente un jeune homme)

IBN AL-'ALQAMÎ *(Tout étonné):* Celui-ci ?

HULAGU : Oui, celui-ci...Quant à moi, j'irai conquérir le reste des pays musulmans par la force des armes... Allons en Syrie !...

(Hulagu désigne Ibn Al-'Alqamî avec sa main et dit):

HULAGU : A la guerre encore une autre fois... La force prime le droit ! C'est toujours notre devise.

Rideau.

ACTE IV

(Ibn Al-'Alqamî est assis dans son fauteuil de ministre, en compagnie de quelques notables)

(Vite voix, off dit):

UNE VOIX OFF : Les jours s'écoulent...

UN NOTABLE : Ibn Al-'Alqamî... Les sépultures des califes ont été profanées, leurs os dispersés... Tant d'endroits ont été incendiés... On a porté atteinte à l'honneur des gens, pillé la Bibliothèque de Bagdad et jeté les livres dans le fleuve pour en faire un pont, afin que les chevaux des Mongols le traversent... Vous devez intervenir !

(Holagu entre en rugissant):

HULAGU : Bienvenue, cher Ministre... Quelles sont les nouvelles de Bagdad ?

IBN AL-'ALQAMÎ : Bienvenue à notre grand Seigneur... Sire, tous les Bagdadis sont heureux et aspirent à vous rencontrer, même ceux qui ont eu le tort de combattre les Mongols... Ils espèrent votre grâce...

HULAGU : La grâce à la manière du sultan `Izz al-Dîn?...

IBN AL-'ALQAMÎ : Quelle est la manière du sultan `Izz al-Dîn ?

HULAGU : Nous avons envoyé au sultan `Izz al-Dîn, roi des Seldjukides de Rûm, un de nos commandants. Au lieu de lui réserver un bon accueil il lui fit la guerre. Alors, je lui vouai une grande haine. Mais il s'est présenté devant nous, il y a quelques jours, aux frontières de Tabriz après avoir appris que nous avons pris Bagdad. Il a présenté des excuses d'une manière étonnante... Il a dessiné son portrait sur les semelles de mes sandales et me l'a présenté.

(Hulagu ôte ses sandales, en tourne les semelles vers le public pour montrer le portrait, et dit):

Le sultan `Izz al-Dîn m'a déclaré : Ceci est mon portrait sous vos sandales, je souhaite qu'il soit mon intercesseur auprès de vous et me donne la fierté d'avoir bénéficié de votre grâce. Alors, Ibn Al-'Alqamî... Comment voulez-vous que je ne lui pardonne pas?... Je lui ai accordé mon pardon...

IBN AL-'ALQAMÎ: La population se plaint des Mongols... Ils agressent les gens. On devrait les punir, Sire...

HULAGU : Vous et al-Tûsî, vous vous ressemblez en tous points, même au niveau du langage. Il nous a tenu les mêmes propos lorsque nous étions à Tabriz. Nous lui avons répliqué que nous sommes en guerre, état dans lequel on ne se soucie guère du sort des gens. Mais, lorsque nous aurons achevé nos conquêtes, nous serons attentifs aux plaintes de nos sujets comme à leurs doléances. *(Silence)* Je suis venu vous faire mes adieux, je rentre au pays des Mongols. Au revoir, notre cher ami...

IBN AL-'ALQAMÎ : Au revoir... Au revoir Sire...

(Hulagu quitte la scène en désignant le prince mongol et dit):

HULAGU : Collaborez avec le prince... Ha ! Ha ! La force prime le droit ! C'est toujours notre devise.

(Le prince sort avec Hulagu)

UN NOTABLE : Ibn Al-'Alqamî... Pourquoi ne l'avez-vous pas informé de ce qui se passe à Bagdad ?

IBN AL-'ALQAMÎ : Vous avez entendu vous-même la réponse.

UN NOTABLE : Et vous lui dites que les gens à Bagdad sont heureux !... Il n'y a de force et de puissance qu'en Dieu... Il n'y a de force et de puissance qu'en Dieu...

(Les notables quittent l'assemblée d'Ibn Al- 'Alqamî. Les Lumières naissent jusqu'à l'extinction totale. Une voix off dit):

UNE VOIX OFF : Les jours passent...

(Ibn al-Alqami est assis dans son Assemblée en compagnie de quelques collaborateurs. On entend l'appel- à la prière. Alors, prince mongol-entre et dit):

LE PRINCE MONGOL : Ibn Al-'Alqamî... Envoyez quelqu'un pour faire taire cette voix.

IBN AL- ALQAMÎ : Sire... C'est l'appel à la prière.

LE PRINCE MONGOL : C'est un dérangement, pas un appel à la prière... Ibn Al-'Alqamî. *(Il s'adresse à ses collaborateurs):* Faites taire cette voix! *(Lorsque Ibn Al- 'Alqamî tente de se Lever et de se porter vers lui pour le saluer, le prince mongol pose son pied chaussé sur sa cuisse et lui dit):* Ce n'est pas la peine. Je suis venu pour vous annoncer que nos troupes ont massacré quarante mille personnes parmi la population d'al-Hallah, et maintenant elles marchent sur Bassora.

(Le prince mongol s'en va)

(Ibn Al- 'Alqamî secoue la tête en disant):

IBN AL-ALQAMÎ : Le destin décida autrement que je ne le souhaitais...

(Entre un fonctionnaire d'Ibn Al- ʿAlqamî.)

UN FONCTIONNAIRE : Ne vous en faites pas, Monsieur le Ministre.

IBN AL-'ALQAMÎ : Je suis affligé et soucieux des agissements de ces ignobles Mongols et de ces apostats !...

UN FONCTIONNAIRE : Je vais vous réciter des versets du Coran... Par l'édification d'Allah, les cœurs ne se tranquillisent-ils point ?... *(Il récite le Coran)*

(Le prince mongol entre en criant)

LE PRINCE MONGOL : Qu'est-ce que c'est ?... Qu'est-ce que c'est, Ibn Al- ʿAlqamî?

IBN AL-ʿALQAMÎ : C'est le Coran...

LE PRINCE MONGOL : Je ne veux pas entendre le Coran. Il m'assomme !... Je ne veux pas l'entendre !... D'ailleurs, il faut revoir plusieurs versets qui ne nous conviennent pas, tels ceux qui nous traitent d'infidèles athées. De nombreux versets devraient être rayés du Coran !...

(Ibn Al- ʿAlqamî, un cadavre inanimé)

LE PRINCE MONGOL : Ibn Al- ʿAlqamî... Je suis venu vous voir pour vous annoncer une nouvelle importante. Nous sommes parvenus à Bassora et nous nous sommes emparés de toutes les terres. Il est vrai que beaucoup de gens y ont trouvé la mort, mais qu'importe !... Ibn Al- 'Alqamî... M'avez-vous entendu ?!

(Il lui donne un coup de pied. Ibn Al- 'Alqamî tombe, sans vie, sur le plancher)

(Le prince mongol ordonne à ses soldats de le transporter à l'extérieur)

LE PRINCE MONGOL : Transportez-le dehors; je prendrai un autre ministre. *(Le prince mongol sort. Après extinction des Lumières, on entend une voix off qui dit)*: Des jours passent.

(Le prince mongol revient sur scène, accompagné d'un jeune homme qu'il installe à la place d'Ibn Al- 'Alqamî et dit):

LE PRINCE MONGOL : Vous êtes désormais le ministre...

LE MINISTRE : Je vous dois obéissance et soumission, Sire...

(Le prince mongol et ses soldats quittent la scène) (Un homme entre, et dit):

UN HOMME : Je suis un Baghdadi... L'ancien ministre m'a causé du tort... Dieu m'a vengé... Allah nous suffit ! Quel excellent protecteur !...

(L'homme s'approche du nouveau ministre et lui demande):

L'HOMME : Quel est le nom du nouveau ministre ?

LE MINISTRE : Ibn Al- 'Alqamî..

L'HOMME : Ibn Al- 'Alqamî est décédé...

LE MINISTRE : Je suis son fils... Je suis fils d'Ibn Al- 'Alqamî... : Ibn Ibn Al- 'Alqamî...

(L'homme bagdadi crie):

L'HOMME : Fils d'Ibn Al- 'Alqamî?... symbole de la trahison, encore une fois !... *(Il se tourne vers public et dit):* Qui sait ? Peut-être se trouve-t-il parmi vous à présent ? *(Ensuite, il se rend au milieu de la salle et dit):* Ô Arabes !... Ô musulmans !... Chassez Ibn Al- 'Alqamî de vos maisons ; Hulagu est de retour ! *(Il s'adresse aux spectateurs et leur dit):* Chassez Ibn Al- 'Alqamî, symbole de la trahison !... Chassez Ibn Al- 'Alqamî!... *(Il se dirige vers Ibn Al- 'Alqamî et crie):* Chassez Ibn Al- 'Alqamî de vos maisons ! Hulagu est de retour... *(Il se rend de nouveau dans la salle en criant):* Chassez Ibn Al- 'Alqamî de vos maisons ! Hulagu est de retour... *(Il se déplace parmi les rangs, cherchant Ibn Al- 'Alqamî et il crie):* Chassez Ibn Al- 'Alqamî de vos maisons ! Hulagu est de retour... *(Il répète cette phrase en se érigeant vers la porte de la salle, tandis que le rideau tombe).*

Extinction des lumières.

FIN

www.ingramcontent.com/pod-product-compliance
Lightning Source LLC
Chambersburg PA
CBHW070824170726
48000CB00019B/2577